UN CUENTO MAS
Sólo para ti

¡Manzano, manzano!

por Mary Blocksma

ilustrado por Sandra Cox Kalthoff

versión en español de Alma Flor Ada

Producido por The Hampton-Brown Company, Inc.

CHILDRENS PRESS ®

CHICAGO

Library of Congress Cataloging-in-Publication Data

Blocksma, Mary.
   ¡Manzano, manzano!

   (Un cuento más sólo para ti)
   Traducción de: Apple tree! Apple tree!
   Resumen: El manzano es un buen amigo a todo el mundo, pero
desea un amigo que le pueda corresponder su amistad.
      [1.   Arboles—Ficción.   2.   Amistad—Ficción.   3.   Cuentos con
rimas.   4.   Materiales en español.]   I.   Kalthoff, Sandra Cox, il.
II.   Título.   III.   Serie: Un cuento más.
PZ73.B57   1986   [E]   86-19270
ISBN 0-516-31584-6   Library Bound
ISBN 0-516-51584-5   Paperbound

Mírame y vas a ver,
qué buen amigo puedo ser.

3

Manzano, manzano,
¿tienes allí
una casa para mí?

Mira lo que tengo aquí,
una manzana color rubí.
Será una casa para ti,
sólo, sólo para ti.

Manzano, manzano,
¿tienes allí
un regalo para mí?

Manzano, manzano,
¿tienes allí
un juguete para mí?

¡Yo no!

Mira lo que tengo aquí,
una manzana color rubí.
Será un juguete para ti,
sólo, sólo para ti.

Mira lo que tengo aquí,
unas manzanas color rubí.
Buenas manzanas para ti,
sólo, sólo para ti.

Manzano, manzano,
¿tienes allí
un gusano para mí?

El gusanito es mi amigo
y se queda aquí conmigo.
Pero tengo algo aquí,
una semilla para ti.

¡Ay! Tu casa
se caerá
y sin amigo
me dejará.

Casas y juguetes
ya todos los di.
Y mis lindos regalos
ya los repartí.

Frutas ni semillas
no quedan aquí,
ni tengo un amigo
sólo para mí.

19

¡Arbol, espera y verás!
Sembraré un amigo,
o dos, quizás.

Llegó la noche,
y triste estoy.
Duérmete tú,
que yo me voy.

Adiós, manzano,
ya pronto verás
qué buen amiguito
será el que tendrás.

21

Tengo un amigo que no se irá,
un buen amigo que se quedará.
Un arbolito sembrado aquí,
un buen amigo, para mí . . .